铜墨生辉 溢清芬

高兰祥 孟桂兰 著

铜墨盒珍赏

文物出版社

责任印制：王少华

责任编辑：赵　磊

图书在版编目（CIP）数据

铜墨盒珍赏——铜墨生辉溢清芬／高兰祥，孟桂兰著.—北
京：文物出版社，
2007.6
　ISBN 978-7-5010-2169-7

　Ⅰ.铜…　　Ⅱ.①高…②孟…　　Ⅲ.铜—墨盒—鉴赏—中国
Ⅳ.G894

中国版本图书馆 CIP 数据核字（2007）第 034280 号

铜 墨 盒 珍 赏

——铜墨生辉溢清芬

高兰祥　孟桂兰　著

*

文 物 出 版 社 出 版 发 行
北京东直门内北小街 2 号楼
http://www.wenwu.com
E-mail:web@wenwu.com

北京文博利奥印刷有限公司制版
文 物 出 版 社 印 刷 厂 印 刷
新 华 书 店 经 销
787 × 1092　1/16　印张：8
2007 年 6 月第 1 版　2007 年 6 月第 1 次印刷
ISBN 978-7-5010-2169-7 定价：58.00 元

著名书法家、美术评论家沈鹏先生（左）在寓所与本书作者交谈。

从铜墨盒想起

笔、墨、纸、砚，通称"文房四宝"。传统的文人拥有精良的"四宝"，是人生乐事。

时下，毛笔书写逐渐在日常生活中隐退，社会上对"文房四宝"的观念也起了变化。练习书法的人以墨汁代墨，当然前者比后者简便。我到过一些书画家的工作室，有墨汁，却没有墨。取消了墨锭，中国书画特有的"墨分五色"的审美趣味肯定会降低。"执笔如壮士，磨墨如病夫"的感觉，还有"非人磨墨墨磨人"的体悟等等，都大为减退。

墨被弃置；砚，理所当然也就冷落了。砚台一向被视为"文房四宝"中最具工艺性与收藏价值的，今日收集砚台者，当更注重它的鉴藏而非实用性的品格了。

工具改进，求便利，是科学发展的必然，并且理所当然地被视为进步。钢笔代毛笔，甚至"无笔办公"，"无纸出版"，不是走的更远吗？谁说不是进步？

我们不必因科学发达而大发思古之幽情。然而事情总有两面。我们在获得"进步"的同时，何尝没有失落？单就墨汁代墨锭这件小事来说，会不会也在不知不觉中助长着浮躁与急功近利的时风？我这样想，有人会嗤笑 ——太"迂"。确实，我所想的小而又小，无关宏旨，不过，也固执地自认为想到了生活里的"深层"。

我的老友高兰祥，还有他的夫人孟桂兰，兰桂齐芳，伉俪情深，退休之后热心收藏，单是铜墨盒就有300之数（这使我想起因"三百石印"自称"富翁"的齐白石），从中选出160余方，编为一集，自娱娱人，堪称雅事，乐事。

铜墨盒，兼具砚与墨的功能。我在小学、中学时代，同学中拥有铜墨盒者是有点教人欣羡的。盒子如果工艺水平高，字画精美，那么同学就会围过来观赏把玩，形成一道风景线。盒里的墨汁，那时都靠手磨，然后注进去的。墨盒封闭，存放久了，就生异味；还有贮墨汁的丝绵也要精心制作，不然不便笔舔。我记得小学六年级的时候，一位可敬的国文老师，评点作文特别认真，遇到有的同学作文卷子墨发异味，便要大声呵斥。原来，有的同学贪图省事，一次磨好大量墨汁，分批使用，于是墨就变了味。老师的呵斥，是针对同学的"偷懒"行为，按老师（他的名字叫季轶常，崇明岛人）的训导，砚台每次用毕，都要用清水洗净，磨墨更要用清水在窗明几净下从事；宁肯节约零花钱，也买较好的墨，不能以劣质产品顶替（那时市场上标明"曹素功"、"胡开文"的墨都是冒牌，我在少年时代，曾长久地误以为这两家的墨最劣。这里顺便记下）。后来，我每次回忆季老师的呵责声，总觉得他对我的教导已经超出"用墨"这件小事。

铜墨盒的使用也有其"弊"，所以大多数同学还是在书包里装上砚台和墨锭。但是铜墨盒仍不失为一种"新型"的工具，虽然无关宏旨。

至少在今后，恐怕再也不会生产铜墨盒这类玩艺了吧！高兰祥是一位有心人，上世纪70年代，我们共事五年，他的用功笃实，乐于助人，远超出一般的行政干部；他的挚爱艺术同他的人生态度相一致。他喜好收藏，重在美学欣赏，艺术研究。据高兰祥见告，铜墨盒的起始当在清代嘉、道年间，照此，最多不过风行200来年吧！我们无妨把它看成"文房四宝"中一个小小的异类。欣赏它，如果有比较丰富的历史文化知识，有比较高的书画鉴赏水平，那么可能会生发许多联想，乐此不疲。高兰祥的收藏中还有几件蒙古族和藏族的墨盒，使我想到马背上的生活，还有穿着民族服装的琳琅佩饰。

铜墨盒上的字画，大多用刀刻，后期也有用化学制剂（酸性）腐蚀。我喜欢前一种，从中可见刀味，运刀的深浅、阔狭，中锋或侧锋，透露出刻制者的匠心。说到这里，又不免崇尚手工而"排斥"新技术之嫌了。

至于顶冒某某名人之作，我一向是不以为然的。只要作品好，何必冒名？名人作品又怎会随处皆是？对此，我看作是我们传统文化中的一个劣点，由此窥见我们民族心理中病弱的一面。

高兰祥同志嘱序，昨天进入构想。今日早上提笔，却有一个阴影在我脑海中不肯离去。原来昨晚寝前读报，见整整一版刊登大小不一、变了形的名画《蒙娜丽莎》，每幅《蒙娜丽莎》像上，一律添加蓝色圆形眼镜，胡子上翘。这件事，使我久久不能入眠，直到现在握管，还在扰乱我的思绪。在西方，亵渎《蒙娜丽莎》和其它名画的把戏早已有之，可是，我们时下的文化，难道竟已下滑到如此？我们还嫌不够？

这件事与本文不属同一题目，却不得不记。

2006 年 5 月 9 日　北京

前　言

　　铜墨盒这一文房用具，以其古色古香、清雅深邃的风采与魅力，在异彩纷呈的中华艺苑独树一帜。墨盒虽小，内容颇为丰富。方寸之间铭刻着重大历史事件、名言警句、名人墨迹，还有爱国志士抗敌救国的壮志豪言，以及诗、书、画、印等等。其蕴含的历史信息、艺术信息是同时代其它文玩、艺术品无法比拟的。这些遗存下来的时代印迹和精美的刻铜艺术十分珍贵。

　　其实，它的历史并不很久远，比起笔、墨、纸、砚晚得多。著名史学家邓之诚（1887—1960）等学者曾作过考证，由于史料缺乏，又无实物可证，只是依照前人传闻推断说，大约始于清嘉、道之际。然而，具有科学的、有实物可佐证的论据与结论，还有待进一步探寻和考证。

　　于铜墨盒上施刻铜艺术始于何时何人？据考证，见于文字记载最早的刻铜艺术家是清同治陈寅生秀才，并有实物得以印证。陈氏工书擅篆刻，于同治初年在北京琉璃厂开设万礼斋墨盒店，后改为万丰斋。他镌刻技艺精熟，用刀如笔，开创于铜墨盒上刻诗词书画，从而使这一文房用具迈进高雅的艺术殿堂，而深得文人学士的青睐，并为社会广泛接受。《北京繁昌记》称"北京之墨盒儿与江西南昌之象眼竹细工及湖南之刺绣为中国三大名物"。

　　此后的近百年是铜墨盒发展的兴盛繁荣时期。众多良师名匠博采众长不断创新，尽其美化装饰之所能，使之更加多姿多彩。鎏金、鎏银、仿古玉纹、黄铜、白铜、红铜三镶，掐丝珐琅和嵌银铜墨盒，以及造型各异的新工艺、新品种相继推出。其文化内涵更加丰富，功能用途也更为广泛，除作为书写工具，还被用作馈赠礼品、奖品、纪念品等。清末民初刻铜艺术进入鼎盛时期。仅京都就有铜墨盒店几十家，为了商业竞争各显其能，精益求精，不断推出佳作。在众多墨盒店中，首推著名篆刻家张樾丞先生（1883—1961）于民国初创办的同古堂墨盒店。张先生是继陈寅生之后名冠一代的刻铜艺术大师，他勤奋好学擅篆刻，尤精于刻铜，在继承前人刻技的基础上更出新意，作品追求用刀刻表现笔情墨趣的独特艺术风格。同时，张氏又传授其堂弟张寿丞刻铜。兄弟二人携手精研技艺，创作精品累累，为刻铜艺术史写下了光辉的一页。同古堂所刻之墨盒，大多由书画名家提供书画稿，两艺合璧，无不精妙。众多文人不但自己喜欢使用铜墨盒，还直接参与制作，或自刻自怡，或设计图稿，或撰写铭文。这其中不乏著名书画家、国学大师、学界名流，如梁启超、陈师曾、齐白石、张大千、姚茫父、陈半丁、溥心畬、张伯英、汪溶、袁寒云、马晋、王雪涛、章浩如等等。他们的参与极大地提高了铜墨盒的文化品位和收藏价值，同时有力地推动着刻铜事业蓬勃发展。

民国以后硬笔流行，铜墨盒逐渐衰落。至上个世纪五十年代后，刻铜墨盒几近绝迹，虽有腐蚀墨盒依然制作，但已失去其刻铜艺术之特色，往昔的辉煌不复存在。

跨入二十世纪八十年代，在中华大地兴起的收藏热潮中，沉寂了几十年之后的铜墨盒重又引起人们的关注和收藏兴趣。笔者涉足于此是离退休之后。有了更多的闲暇时间，生活水平也日益提高，于是常以逛古玩市场为休闲之雅兴，就这样夫唱妇随地搞起了收藏。在众多的艺术品类中，尤为笃好铜墨盒这一文玩珍物。其神采风韵具有鲜明的时代感和独特的审美意趣。我们常常为那些镌刻精美的书法图画而赞叹不已，也常常低首诵读墨盒铭文，为先贤们在民族危亡时刻所表现的爱国精神而感动。十多年来，不懈地追求、学习，在祖国博大精深的传统文化中汲取营养，在潜移默化的艺术熏陶中获得精神享受。如今藏品日渐丰富，鉴赏水平亦有了一定提高。先后撰写《刻铜墨盒》、《吴昌硕刻铜墨盒》、《民国铜墨盒·锻铸兴衰史》等文章发表在《收藏家》、《中国收藏》等杂志上。在此基础上，对藏品进行审慎地遴选与精心地编排，经过多次修改而成书。仅以此作为我们的收藏小结。

本书的着重点是收藏与鉴赏。关于铜墨盒的发展史，笔者只能略述浅见，以求教于方家。至于蒙古族铜墨盒、藏族铜墨盒始于何时，它与汉族铜墨盒之间的渊源关系以及孰先孰后，则不是本文要说的问题。但是有一点可以肯定，在中华民族这个多民族大家庭中，各民族文化是相互借鉴、融合而共同发展的。

高兰祥　孟桂兰

2007 年 3 月　于北京双兰斋

目　录

第一章　早期铜墨盒

天盖地式铜墨盒　清中期

红铜。直径7厘米，高3厘米。

■ 天盖地式铜墨盒为早期铜墨盒之样式，流行于清中期。邓之诚《古董琐记》记载，"墨盒之制，不详始于何时。相传一人士入试，闱人以携砚不便，为渍墨于脂，盛于粉奁，其说特新艳，然无确据。大约始于清嘉道之际。阮文达道光丙午，重赴鹿鸣，以旗匾银制墨盒，其制正圆，为天盖地式，旁有两柱系环内。光绪初叶，尚藏其家。京师厂肆专业墨盒者，推万礼斋为最先，刻字始于陈寅生秀才。寅生名麟炳，通医，工书画，自写自刻，故能入妙，时同治初元也。"

第二章　图画铜墨盒

以介眉寿刻铜墨盒　民国

白铜。直径9厘米，高3厘米。

■ 陈师曾画，张樾丞刻。图中画两枝梅花，疏影斜出，清新幽雅。纵笔画一巨石，梅石同俱神清韵绝。再经张樾丞神奇的镌刀，将画家的笔意表现得淋漓尽致，颇具艺术感染力。此墨盒制作精致，铜质优佳，含白银量多，手感细腻光润。制作于辛酉年（1921）。盒底钤"北京·同古堂"印。

■ 陈师曾（1876—1923），名衡恪，号槐堂、朽者或朽道人。我国著名画家和艺术教育家，曾为同古堂画过不少画稿。

■ 张樾丞（1883—1961），精书法篆刻，尤精于刻铜艺术。曾在琉璃厂西街开设图章墨盒店，名叫"同古堂"。末代皇帝溥仪所用之"宣统御览之宝"、"无逸斋精鉴玺"即为张氏所刻。中华人民共和国中央人民政府第一枚国印也出自张氏之手，现藏于中国国家博物馆。

荷花翠鸟刻铜墨盒　民国

黄铜。边长9.3厘米，高3厘米。

■ 图中描绘荷塘一隅，一花一叶，几茎水草。荷叶掩映，清荷飘香。一只翠鸟落于枝头，凝视着远方，吸吮着清新的甘露，尽情地享受着大自然的恩赐。整幅画面充满宁静的诗意。右上方行书题款与画面浑然一体，更深化了画面的意境和情趣。署款"陈年"，钤"半丁"小印。

■ 陈半丁（1877—1970），名年，字半丁。以写意花卉著称于世，亦能山水、人物、虫鱼与鸟兽及金石篆刻。

薤草石图刻铜墨盒　民国

黄铜。长 13 厘米，宽 8 厘米，高 3.3 厘米。

■ 这是一幅诗、书、画、镌刻完美结合的佳作，颇具文人雅意。刀法老辣，雄健舒意，笔笔见真功。图中刻石笔意酣畅有狂草飞白之意趣，薤叶和梗以战笔勾画，有断有续，富节奏感和韵律之美。花朵似浮云，若静若动妙在其中。右上方题诗一首："轻装凉佩妥英云，约素仙姿喜见分。块石蒜根抽薤叶，古铜洗里溢清芬。"诗文清新，咏物抒情，意味无穷。署款"茫父"。

■ 茫父（1876—1930），姚华之号，字重光。绘画以山水花卉为主，工书法，精诗文词曲、碑版古器及考据音韵之学。曾为同古堂提供不少书画稿。

吴俊卿刻鹤庐铜墨盒　清光绪

白铜。边长 12.4 厘米，高 4 厘米。

■ 盒面刻一幅松鹤图。一双美丽的丹顶鹤玉立于松树之上，占据画面重心，形态可人；古松苍老而朴茂雄伟；树旁一簇牡丹，叶茂花盛，栩栩如生。左上角篆书题"鹤庐"两个大字，又以坚劲的行草题写 49 个小字，说明此铜墨盒的刻制缘由与时间。署名"吴俊卿"。右下角刻白文印"缶"字。此图系吴俊卿于 1905 年（时年 61 岁）所刻。吴俊卿即吴昌硕，其一生刀笔耕耘，诗书画印佳作累累，然而其刻铜作品极为罕见。此图整体气势奇妙，诗、书、画、印熔为一炉，体现出文人的气质。"鹤庐"二字，金石味十足，古朴中见秀丽，严谨中显飘逸。方寸之间创作如此完美的构图和丰富的内容，将诗情画意融化于刻铜艺术之中，卓而不凡。

■ 吴俊卿（1844—1927），字昌硕，号缶庐。70 岁以后以字行。近代著名书画家、篆刻家。画风苍老华滋，重意境神韵，尤精于章法。其书法古朴雄健，篆、隶、行、草皆精，尤以石鼓文最为擅长。

菊韵图刻铜墨盒　民国

白铜。边长6.4厘米，高2.5厘米。

■ 整幅画面气韵贯通，疏密自然。刀法尤为精美，峻峭奇丽而又不失淳朴与凝重，造型准确而又突显菊之傲霜凌寒坚强不屈的风韵。署款"师曾"。钤"朽"字小印。陈师曾一号朽者或朽道人。

梅竹八哥刻铜墨盒　民国

白铜。长11.5厘米，宽5.5厘米，高2.5厘米。

■ 横幅画面，梅枝由中央左右斜向而上，花朵或盛开或含苞待放，疏落有致。右下方点缀几枝翠竹，使画面增强稳重感。画面中心是一只八哥栖于枝头，神情生动，宛然欲活。此作刻技娴熟，飘逸中别有一种凌厉峭拔的韵味，表现出刻铜艺术独特的魅力。

■ 汪溶（1896—1972），字慎生。擅小写意花鸟，亦能山水。

松鹤图刻铜墨盒　民国

白铜。长 15.7 厘米，宽 5.7 厘米，高 3.7 厘米。

■ 署款"莘农"。图作于"己卯"，应为 1939 年。

■ 陆文郁（1887—1974），字莘农，晚号老辛、大药先生。祖籍浙江绍兴，世居天津。与刘子久、萧心泉、刘奎龄合称"津门四老"。山水、人物、翎毛、草虫俱精。

无土兰刻铜墨盒　民国

白铜。长 13 厘米，宽 8.5 厘米，高 3 厘米。

■ 文人、画家常借兰抒情言志，在他们笔下的兰花常常被赋予情感和寄托。被誉为画兰宗师的南宋画家郑思肖，曾绘无土之兰寄亡国之恨。他生于南宋末年，以太学生应试，授和靖书院山长。宋亡后，隐居苏州寺庙终身不仕。所作兰花，常露根不培土，人问其故，他回答："土为番人夺，忍着耶。"

■ 此铜墨盒是张兰琴女士赠予萼青学姊结婚的礼品，断为民国之物。馈赠结婚礼品，何以赠无土之兰铜墨盒，寓意何在？笔者呈请读者去自加品评之。

双雀图刻铜墨盒　民国

白铜。长 10.2 厘米，宽 7.2 厘米，高 3 厘米。

■ 初春时节，草木复苏。两只小雀一只栖于枝头，一只立在地上，似在传递着什么讯息，情态自然生动。虽非精绝之笔，却有平淡、清新之美，雅俗共赏之趣。

齐白石款富贵白头刻铜墨盒　民国

黄铜。边长 9.5 厘米，高 3.5 厘米。

■ 图中一枝娇艳盛开的牡丹，婀娜多姿，俏美可爱，引来两只白头翁鸟前来驻足观赏。鸟语伴花香，余韵悠长。牡丹白头翁鸟寓意富贵、白头偕老，给人以美好的祝福。

风竹刻铜墨盒　民国

白铜。长 10.2 厘米，宽 7 厘米，高 2.9 厘米。

■ 画面采取折枝画法，截取竹子梢头部分给以特写。竹枝劲健清秀，竹叶向一方倾斜，宛如在风中飘舞。有诗题赞："凤尾摇丹槛，魆孙舞翠香。"盒底钤"文宝"印。

牡丹图刻铜墨盒　民国

白铜。长 9 厘米，宽 6 厘米，高 2.6 厘米。

■ 牡丹素有"国色天香"冠群花之美誉。此幅牡丹叶茂花盛，生趣盎然。镌刻刀法采用阳文与阴文并用，强化了花叶质感，生动可爱。

多喜图刻铜墨盒 民国

黄铜。长 8 厘米，宽 4.7 厘米，高 3.4 厘米。

■ 齐白石老人作画，"妙在似与不似之间"，贵在传神。此幅多喜图，四只活灵活现的喜鹊，动静有姿，简练质朴，神态各异，较好的将白石老人的画风笔意表现于刻铜艺术。"癸未"，应为 1943 年。

青青小竹铜墨盒 民国

白铜。长方形。长 10.8 厘米，宽 8 厘米，高 3 厘米。

■ 陈师曾绘青青小竹，以写意笔法为之。翠竹三株亭亭玉立，劲直向上，气韵不凡。题曰："自爱青青小竹竿，胸中吐出却甚难。何时钓手来江上，已觉秋声在树端。拓地晚阴风袅袅，倚墙疏影月圆圆。从来此意无人赏，留待先生柱杖看。"诗画结合，更有锦上添花之妙。

牡丹图刻铜墨盒　民国

白铜。直径8.5厘米，高3.5厘米。

■　盒底钤"荣宝"印。

竹影婆娑刻铜墨盒　民国

黄铜。边长12.5厘米，高3.8厘米。

秋菊绶带鸟刻铜墨盒　民国

白铜。边长8厘米，高3厘米。

清供图刻铜墨盒　民国

白铜。边长7.7厘米，高2.8厘米。

瀛州公学赠学生刻铜墨盒　　民国

白铜。长9.3厘米，宽6.3厘米，高3.2厘米。

岁寒三友刻铜墨盒　　民国

白铜。长10厘米，宽7.2厘米，高2.5厘米。

双鸭图刻铜墨盒　清

白铜。长7.5厘米，宽5.6厘米，高3厘米。

佛手小鸟刻铜墨盒　民国

黄铜。边长5.5厘米，高2.2厘米。

双兰图刻铜墨盒　民国

白铜。长 10.2 厘米，宽 7 厘米，高 2.7 厘米。

兰竹图刻铜墨盒　民国

白铜。长 8.3 厘米，宽 5.2 厘米，高 2.5 厘米。

花鸟图刻铜墨盒　民国

黄铜。边长 7 厘米，高 2.5 厘米。

■ 苇草在秋风中拂动，鸟儿在草地上憩息，动静之间，表现出清冷的深秋寒意。但与陈师曾书法、绘画风格迥异，非槐堂先生真迹。

骏马图刻铜墨盒　民国

白铜。边长 6.5 厘米，高 2.7 厘米。

■ 马晋(1900—1970)，字伯逸，号湛如。北京人。著名画家，擅工笔花鸟画，精于画马，取法郎世宁。

赏梅图刻铜墨盒　民国

白铜。长9厘米，宽6厘米，高2.7厘米。

■　一盆精心培植的梅花，疏枝秀蕾，清雅奇妙。一老者坐蒲赏梅，全神贯注。人物造型古朴，神态刻画惟妙惟肖，描绘出老者以梅为友，物我两忘的情态，赏之有余味。署款"甲子纪念，超六敬赠，浩如画"。盒底钤"北京·同古堂"印。

■　章炳汉，生于1870年，卒年不详。字浩如。民国画家。擅山水及人物。

沈心田画人物刻铜墨盒　民国

白铜。长15厘米，宽11厘米，高3.5厘米。

■　此为上海名画家沈心田古稀之年应西江先生之嘱所作。景物设置典雅，童心童趣，妙趣横生，给人以赏心悦目的美感。"丙子"，应为1936年。

■　沈心田（1855—1941），名兆涵，字心田。上海人。擅人物画。

钟进士读书图刻铜墨盒　民国

黄铜鎏金。边长7.8厘米，高2.8厘米。

■ 此画稿为方薰原作，镌刻家再创作于铜墨盒，洗练、传神地刻画出钟馗扬善抑恶、气宇昂轩的艺术形象，极具艺术效果。

■ 方薰（1736—1799），字兰士，号兰坻。浙江人。诗书画并擅，山水、人物、花鸟、草虫悉臻其胜。著有《山静居画论》。

福来图刻铜墨盒　民国

黄铜。边长7.6厘米，高2.7厘米。

■ 盒面刻一人，迎面飞来一只蝙蝠。署款"福来，白石"，镌白文"木人"印。"木人"印为白石先生常用书画印。盒底钤"中华书局监制"。人物造型夸张，简练传神，充满人情味、幽默感。

■ 齐白石（1863—1957），现代著名画家、书法家、篆刻家。富于创造性。其创作题材广阔，充满浓郁的民情民俗。

婴戏图刻铜墨盒 民国

白铜。边长7厘米，高2.7厘米。

■ 坡柳旁，草坪间，五个活泼可爱的孩童在玩捉迷藏。画面气韵生动，颇富童趣，洋溢着祥和欢乐的生活气息。构图与镌刻皆精，令人玩味无穷。

渔乐图刻铜墨盒 民国

白铜。长9.4厘米，宽6.3厘米，高2.7厘米。

■ 萧谦中、陈半丁联袂创作渔乐图。绘画格调古雅，诗文清韵自然。诗曰："舸摇秋水碧如天，两岸蘋花落日边。只有枫江秋色好，卖鱼沽酒画渔船。"署款"己巳五月，萧谦中画，半丁老人题"。

■ 萧愻（1883—1944），字谦中，号大龙山樵，一作龙樵。安徽怀宁人，居北京。姜筠弟子。擅山水，画风气韵雄厚，笔墨苍劲。陈半丁，著名画家。

对弈图刻铜墨盒　民国

白铜。长16.5厘米，最宽9.5厘米，高3.5厘米。

■ 墨盒为葫芦造型，少见。盒面镌刻一幅消夏对弈图。一僧一俗在葫芦棚下弈棋，幽静清远，逸致翩然。

李白吟秋浦图刻铜墨盒　民国

白铜。长16.5厘米，宽13.5厘米，高2.8厘米。

■ 李白，唐代大诗人，字太白，号青莲居士。秋浦，唐池州属县，今安徽贵池县。李白漫游到此，写下了热情奔放的组诗《秋浦歌》17首。署"甲子"，应为1924年。

三层刻铜墨盒　清末

白铜。长8厘米，宽6厘米，高4.8厘米。

■ 此三层铜墨盒制作十分精致。底层是墨盒，中层是水盂，盒面镌刻一老者静坐读书，童子手持花篮采菊归来。这主人公是归隐后的陶渊明应是无疑了。盒周面精刻一幅江南山水图，画面清丽，景致宜人。

《西游记》故事图镀金錾花铜墨盒　民国

黄铜。长7.8厘米，宽5.5厘米，高2.5厘米。

■ 盒面錾饰一幅《西游记》故事图。人物栩栩如生，令人称绝。

■ 錾花是一种使用大小和纹理不同的錾子，用小锤熟练地打击錾具，使金属表面留下錾痕，以达到装饰目的的工艺。而刻铜则是以镌刀刻之。两种技艺自古有之，并非同出一源。

羲之爱鹅图刻铜墨盒　清末—民国初

白铜。边长9厘米，高3厘米。

■ 铜墨盒盒面绘的是羲之爱鹅的典故。相传东晋大书法家王羲之有爱鹅癖，有人欲得其字，以鹅易之。这传说与陶渊明爱菊，孟浩然爱梅，周敦颐爱莲并称"四爱"。历代画家以此题材作画者不可胜数。

米芾拜石图刻铜墨盒　清末

白铜。边长7.5厘米，高3厘米。

■ 爱石、赏石在我国有悠久的历史。米芾拜石即是流传千古的佳话。盒底钤"淳秘阁"印。

哀情只向花前诉刻铜墨盒　清

白铜。长7厘米，宽4.7厘米，高2.5厘米。

仕女图刻铜墨盒　民国

白铜。长8厘米，宽5.2厘米，高2厘米。

戏剧故事人物刻铜墨盒　民国

白铜。边长7厘米，高2.7厘米。

鹬蚌相争刻铜墨盒　民国

白铜。边长9厘米，高3厘米。

一树梅花一放翁刻铜墨盒 民国

白铜。长9.2厘米，宽6.2厘米，高2.8厘米。

■ 姚茫父是典型的文人画家，题款、用印非常讲究，诗、书、画造诣很深。此作虽具一定艺术水准，恐非茫父真笔。

人物刻铜墨盒 民国

红铜。直径9厘米，高3.6厘米。

爱菊图刻铜墨盒　民国

白铜。边长9.2厘米，高3厘米。

无量寿佛刻铜墨盒　民国

白铜。边长7厘米，高2.5厘米。

仿云林子《溪山无尽图》刻铜墨盒　同治—光绪初

白铜。长 11.7 厘米，宽 8.4 厘米，高 3.5 厘米。

■ 倪瓒，号云林。元代著名画家、书法家、诗人。工山水。所画山水不置人物，以幽淡为宗。此幅山水图标明仿云林子《溪山无尽图》。画面气韵清远，云林子遗意尽在其中，体现出中国古典美的意境。

■ 王书瑞（1808—1877），字云史。道光 30 年进士。工书画。

靴盒　清

袖珍铜墨盒，俗称"靴盒"，据说是官员上朝时置入靴中以备用。

■ 圆形，白铜，直径 2.8 厘米，高 1.8 厘米，盒底钤"懿文"印。

■ 方形，白铜，边长 2.5 厘米，高 2.4 厘米。

■ 橄榄形，白铜，长 3.3 厘米，最宽 1.6 厘米，高 1.8 厘米。

■ 双棱形，足银，长 4 厘米，宽 2 厘米，高 1 厘米。盒底钤"泰兴楼"印。

■ 椭圆形，足银，长 3 厘米，宽 2 厘米，高 1 厘米。盒底钤"泰兴楼"印。

叠翠山水图刻铜墨盒　民国

白铜。边长 9.2 厘米，高 3 厘米。

■ 山峦叠翠，朴茂华滋，气韵豪迈，笔趣刀工有飘然凌云之气。盒底钤"北京·同古堂"印。署款"甲子"，应为 1924 年。

独钓图刻铜墨盒　民国

白铜。长 10.3 厘米，宽 7.3 厘米，高 2.8 厘米。

■ 画面远处峭峰壁立，山势雄伟；近处坡岸参差，垂柳成行。一条长河涟漪微波。一人独坐小舟，凝神垂钓，悠然自得。恰如古诗云："一棹春风一叶舟，一轮茧缕一轻钩。花满渚，酒盈瓯，万顷波中得自由。"盒底钤"三益祥"印。

柳堤春晓图刻铜墨盒　　清末—民国初

白铜。长8.3厘米，宽5.7厘米，高2.5厘米。

■　湖平水静，垂柳依依。笔墨简洁，不显雄奇。作者运用中国画留白画法，营造"柳堤春晓"之意境，给观者留下想像的空间。署款"菊圃画，酒痴刻"。盒底钤"荣宝"印。"酒痴"未考证。

■　张德佩，字菊圃。浙江嘉善人。

渔隐图刻铜墨盒　　民国

白铜。边长9.5厘米，高3厘米。

■　画面右侧山石巍峨，山脚下草亭一间，双树并立。左侧芦苇随风荡漾。一只小船停于岸边，船上一老翁蜷伏，酣然入睡。弯月高悬，万籁寂寂。图画生动地表现出"钓罢归来不系船，江村月落正堪眠。纵然一夜风吹去，只在芦花浅水边"之诗意。

送春诗图刻铜墨盒　民国

黄铜。边长9.2厘米，高3厘米。

山水图刻铜墨盒　民国

白铜。边长9厘米，高2.5厘米。

■ 绘画风格古朴而神清，刻工尤见功力。

薄地阳文刻山水铜墨盒　民国

白铜。长10.6厘米，宽4.6厘米，高2.5厘米。

■ 远山近水，茅亭林木。刻法颇具"薄地阳文"刻竹刀法之风韵。

樵夫刻铜墨盒　民国

黄铜。边长5.3厘米，高2.4厘米。

山野行旅图刻铜墨盒　民国

白铜。长7.4厘米，宽5.2厘米，高2.6厘米。

山林清景图刻铜墨盒　民国

白铜。边长10.8厘米，高3.8厘米。

錾花山水铜墨盒　清

银白铜。长7厘米，宽4.7厘米，高2.5厘米。

■ 錾花技艺高超，线条明朗，节奏感强。画面虽小，内容丰富，有咫尺千里之感。

携琴访友刻铜墨盒　民国

黄铜。边长7厘米，高2.7厘米。

泛舟览胜图刻铜墨盒　民国

白铜。边长7.6厘米，高2.8厘米。

策杖探幽刻铜墨盒　民国

白铜。边长5.8厘米，高2厘米。

山下书屋刻铜墨盒 民国

白铜。长9厘米，宽6厘米，高2.5厘米。

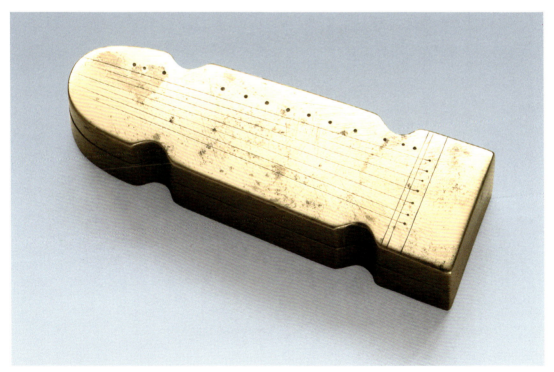

古琴形刻铜墨盒 民国

白铜。长9.5厘米，宽3厘米，高2.2厘米。

■ 盒底钤"翰宝"印。

钟形刻铜墨盒　民国

白铜。长6.4厘米，最宽5厘米，高2.2厘米。

桃形刻铜墨盒　清

白铜。径7厘米，高3.5厘米。

■ 盒底钤"翰墨"印。

摹刻商甗周觯铜墨盒　民国

白铜。边长 7 厘米，高 2.8 厘米。

摹刻古铜器铜墨盒　民国

白铜。长 9.3 厘米，宽 6.3 厘米，高 2.6 厘米。

批文刻铜墨盒（一双）　清

白铜。长4厘米，宽2.5厘米，高2厘米。

■ 两方小型铜墨盒。一方盒内残留朱砂，一方盒内残留墨迹。此墨盒为文人校注书刊所用或先生为学生批改作业所用。

篆刻用錾花铜墨盒　清

白铜。长4.3厘米，宽2.7厘米，高2.2厘米。

■ 此铜墨盒与其它铜墨盒不同之处，是盒内装置一小镜，多是用以篆刻。盒面及侧面以錾花装饰，艺巧工精。

天坛祈年殿铜墨盒　民国

黄铜。边长 7.8 厘米，高 2.5 厘米。

老北京前门铜墨盒　民国

白铜。长 13 厘米，宽 8.6 厘米，高 3.6 厘米。

北平正阳门铜墨盒　民国

黄铜。边长7.7厘米，高2.8厘米。

北海小白塔铜墨盒　民国

白铜。长9.1厘米，宽6厘米，高2.5厘米。

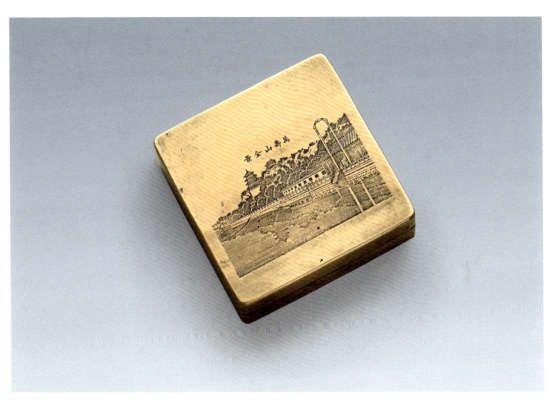

万寿山全景铜墨盒　民国

黄铜。边长7.5厘米，高2.5厘米。

万寿山石舫铜墨盒　民国

白铜。长13厘米，宽8.8厘米，高3.3厘米。

第三章　文字铜墨盒

孙中山逝世纪念铜墨盒　民国

黄铜。长10厘米，宽7.1厘米，高2.8厘米。

■ 伟大的民主主义革命先驱孙中山先生领导辛亥革命，推翻了延续两千多年的君主专制制度，成为我国近代史上一位倍受崇敬的伟人。他鞠躬尽瘁，积劳成疾，于1925年3月12日在北京长辞于世。为纪念这位永垂青史的伟人，于当时特制此铜墨盒。

勿忘国耻刻铜墨盒　民国

白铜。边长8.6厘米，高3.4厘米。

■ 以优质白铜制作，盒面有一层厚厚的色浆，刻"勿忘国耻"四个大字，字体浑厚，笔力遒劲。从字迹特征来看应是爱国将领冯玉祥墨迹。署款"民国九年八月九日，步二团二营营长过之纲赠"。据考，过之纲时任冯玉祥部下营长，后升至旅长。

■ 冯将军能诗擅书，楷隶皆精，常为部下和朋友书写诗词和对联，多为抗日救国内容。字里行间饱含着民族大义和爱国深情。他写得最多的有，"救国安有息肩日，抗日方为绝顶人"；"携手为抗倭好友，同心作建国先锋"；"还我河山"；"精忠报国"等。如今遗存下来的将军墨迹十分稀少。当然不仅是稀少才珍贵，重要的是人们看重其人品。"字以人贵"乃是历代鉴赏家的共识。

■ 香港回归倒计时50天，笔者将其献给中国人民抗日战争纪念馆。

张学良就职纪念铜墨盒　民国

白铜。直径8厘米，高2.3厘米。

■ 张学良"易帜"拥蒋，由"东北三省保安总司令"改任"中华民国陆海空军副司令"，于1930年10月9日在沈阳宣誓就职，特制此铜墨盒以示纪念。

为国家后盾保种族前途刻铜墨盒　民国

黄铜。边长7厘米，高2.8厘米。

■ 此刻铜墨盒断为20世纪30年代至40年代制作。这正是民族灾难最为深重之时。日寇入侵，国土沦丧，中华儿女为拯救民族危亡，誓不屈服，顽强抗争，从心底里发出"为国家后盾，保种族前途"的呐喊。

中華民國陸海空軍副司令就職紀念

東三省兵工廠製
十九年十月九日

為國家後盾
保種族前途

还我河山刻铜墨盒　民国

白铜。长 10.7 厘米，宽 4.6 厘米，高 2.5 厘米。

■ 盒面摹刻岳飞"还我河山"草书。其书充溢着忠义之气和报国之情，历来为世人所推重。它曾激励一代又一代中华儿女，为洗雪国耻，重整河山而进行不屈不挠地英勇斗争。我在十多年的收藏过程中，曾见到多件刻有"还我河山"字样的铜墨盒，多为民国时制作，但皆不及这件精美。其实无论精美与否，每一件都铭刻着先辈们的爱国情与民族恨。

宋哲元书诚真正平刻铜墨盒　民国

白铜。长 7.4 厘米，宽 4.6 厘米，高 2.4 厘米。

■ 盒面刻宋哲元隶书"诚真正平"。署款"军长宋哲元。二五、四、一"。余所见中国人民抗日战争纪念馆馆藏之"陆军第二十九军军事训练团"纪念章正面亦有"诚真正平"四个篆字。上述两物应为同时期之纪念品。

■ 宋哲元（1885—1940），字明轩。山东乐陵人。国民党统治时期历任第 29 军军长，察哈尔省政府主席等职。1933 年率部在长城脚下抗击日本侵略军。1935 年《何梅协定》签订后，任冀察政务委员会委员长，1937 年"七·七"事变中，所部奋起抗击日本侵略军。

明是非安本分刻铜墨盒　民国

黄铜。边长 9.3 厘米，高 3 厘米。

■ 何基沣（1898—1980），字芭荪。河北藁城人。1923 年保定军校毕业后参加西北军。1933 年参加喜峰口抗战。卢沟桥事变时，任 29 军 37 师 110 旅旅长，指挥所部顽强抗击日军，拉开了全国民族抗战的序幕。1939 年 1 月加入中国共产党。1948 年淮海战役时，任国民党第三绥靖区副司令官，与张克侠一起率该区主力部队起义。解放后历任解放军 34 军军长、南京警备区副司令员、水利部副部长、国务院水土保持委员会副主任兼秘书长、全国政协常委。1980 年 1 月 20 日在北京病逝。

奋武揆文刻铜墨盒　民国

黄铜。边长 9.2 厘米，高 3 厘米。

■ 刘汝明（1895—1975），字子亮，河北献县人。1933 年任第 29 路军暂编第 2 师师长，率部参加了著名的长城抗战。1935 年兼任察哈尔省政府主席等职。抗日战争爆发后，任 68 军军长、京沪杭警备副总司令等职。1975 年病故于台湾。

冀中一日活动刻铜墨盒　民国

白铜。径15厘米，高4.5厘米。

■　此铜墨盒购于1999年初春。之后经过数年的考证，还是一次偶然的机会，得知魏巍同志当年在冀中地区工作。我劳请凡吾老（魏老的抗大同学）与魏老取得联系。魏老深情地回忆起那段历史，并告知"冀中一日活动"开展于1941年，《孙犁文集》有详细介绍。随后，我同老伴到北京图书馆查阅了《孙犁文集》。1941年春，由冀中党政军首长程子华、黄敬、吕正操等同志号召发起的"冀中一日"写作活动，动笔写稿者近十万人，从上夜校识字班的妇女到用四六句写文言文的老秀才、老士绅，还有老太太口述着找人替写。稿件多至需用大车拉着打游击。初选二百多篇，于1941年秋季油印出版，约30余万字。"冀中一日活动"生动地纪录了冀中人民抗日战争初期的战斗生活，它是冀中人民抗日斗争的颂歌，也可以说是一次伟大的人民文学创作活动，将永载抗日战争的壮丽史册。

胜利纪念刻铜墨盒　民国

红铜。长8厘米，宽5.2厘米，高2厘米。

■　1945年8月15日，日本政府宣布无条件投降，人们以不同方式庆贺胜利。郭惠苍先生则于铜墨盒铭刻"胜利纪念"，以示纪念。香港回归倒计时50天，笔者将其献给中国人民抗日战争纪念馆。

《自书告身》（节录）刻铜墨盒　　民国

白铜。边长9.4厘米，高3厘米。

■ 书法端庄秀颖，刀法淋漓畅快，非大师之刀笔难以为之。所录内容是唐代大书法家颜真卿得授太子少保时自书（节录）。时在建中元年（780）八月二十五日。

■ 梁启超（1873—1929），字卓如，号任公，又号饮冰室主人。广东新会人。思想家、文学家。著有《饮冰室合集》。

蔡元培赠友人仿古玉纹刻铜墨盒　　民国

白铜。高3.7厘米。

■ 仿古玉纹铜墨盒是铜墨盒之珍品。我国近代大收藏家朱翼厂先生，尤为珍爱仿古玉纹铜墨盒。他将收藏的一方仿古玉纹铜墨盒与黄玉墨床、青花釉里红瓷印色盒等珍贵文玩，同陈设于红木方桌上赏玩。此墨盒温润古雅，端庄大方，其工艺之巧、书法之美、镌刻之精堪为三绝。署款"癸丑年蔡元培赠，茫父刻"。"癸丑"年应为民国二年，1913年。

■ 蔡元培（1868—1940），近代资产阶级民主革命家、教育家、科学家。

立德踐行當四科之首
鑠文碩學為百氏之宗
藎言讜論于臣節外服規
忠讜士範迷中規外矩方
存乎稷之懸州深謂之廟堂
勞用謂之品流州深制禮
勤用彼庵解山制禮
事清彼庵
先我王庭

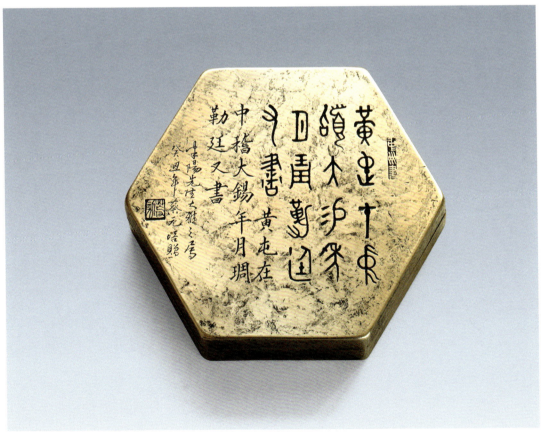

铁肩担道义辣手著文章刻铜墨盒　民国

白铜。边长14厘米，高4.6厘米。

■ "铁肩担道义，辣手著文章"联句，出自明朝被奸臣严嵩迫害致死的兵部员外郎杨继盛手笔。杨之胆气豪壮的联句和人品尤为李大钊所景仰。他将"辣手著文章"改为"妙手著文章"。这副对联可以说是李大钊一生的生动写照。铁肩担道义，洗国耻，救中华，立志报国；妙手著文章，信马列，主义真，视死如归。耐人寻味的是，这件铜墨盒恰制于李大钊英勇就义十周年之际。观此物不能不对两位先贤心生敬意。

十八字箴言刻铜墨盒　民国

白铜。边长12.4厘米，高3.8厘米。

■ "使气最害事，使心最害理，君子临事平心易气"十八字箴言，系云外子录吕新吾语。刻制于庚午年，应为1930年。盒底钤"义华阁"印。云外子未考证。

■ 吕新吾（1536—1618），明万历进士，历任吏部主事、刑部左右侍郎等。著有《实政录》、《四礼疑》、《呻吟语》等。

子繼世先清玩

豁達人人知是幻猶言身世為真不知
也是豁達始終朝堂海市一旦仕宦波臣
只有藏場消不去古人面目常在清閒
片刻幻中身吏以仙岐山陽鳳龍年年
書劍隨身吏靜閒與農夫課井田
訟庭花茶釋　正其誼不謀其利
鐵府擔道義　敏於事而慎於言
辣手著文章

民國金宗年葭月

勇　金斌敬贈

使氣嚴語專使
心嚴富理君子
臨事平心易氣

小眉外于鐵口新建語
庵水庚午嚴柏枝鄉

书卷形仿古玉纹刻铜墨盒　民国

白铜。长 16.8 厘米，宽 9.2 厘米，高 3.6 厘米。

■　方尔谦是袁克文的家庭教师，分别之际老师赠予学生一件铜墨盒以资留念。它不仅传递着师生情谊，字里行间也蕴涵着一个普遍的真理——"凡百技艺，未有不静坐读书而能入室者"。书法镌刻精到老辣。盒面采用仿古玉纹工艺，使作品具有一种古朴高华的艺术魅力。盒底钤"明泰"印。

■　方尔谦（1871—1936），字地山，诗文、书法皆有高深造诣。雅好集藏文物，是民国初著名古币专家。

■　袁克文（1890—1931），袁世凯次子，工诗能书喜收藏，好研究金石、古币，有民国"四大公子"之称。

百字赠言刻铜墨盒　民国

白铜。边长 9.2 厘米，高 3 厘米。

■　此铜墨盒是哥哥在弟弟离家远行之际所赠之纪念物。家人的牵挂、勉励、关爱与嘱咐皆渗透在百字箴言中，情真意切，感人肺腑。

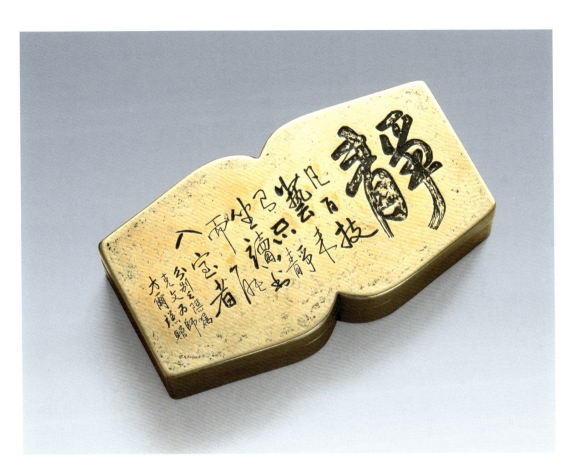

庞居士语刻铜墨盒　民国

白铜。长10.2厘米，宽7.4厘米，高2.9厘米。

■ 此为温寿链赠予真如的一方铜墨盒，录庞居士语："但愿空诸所有，慎勿实诸所无。"书法刻工皆妙。

■ 真如（1889-1965），即陈铭枢，字真如。北伐时曾任国民革命军第十一军军长兼武汉卫戍司令。"九·一八"事变后任京沪卫戍司令。曾参加著名的"一·二八"淞沪抗战。抗战期间因派系关系，未受蒋介石重用。他拥护中国共产党的抗日主张，1949年出席第一届全国政治协商会议。建国后，曾任全国人大常委、政协常委等职。陈铭枢是民国著名佛学家桂百炼的弟子。

刘禹锡《陋室铭》刻行草书铜墨盒　清

黄铜。直径9.3厘米，高4厘米。

■ 此篇《陋室铭》刻行草书，运刀如笔，婉转流畅，给人以潇洒多姿之美感。

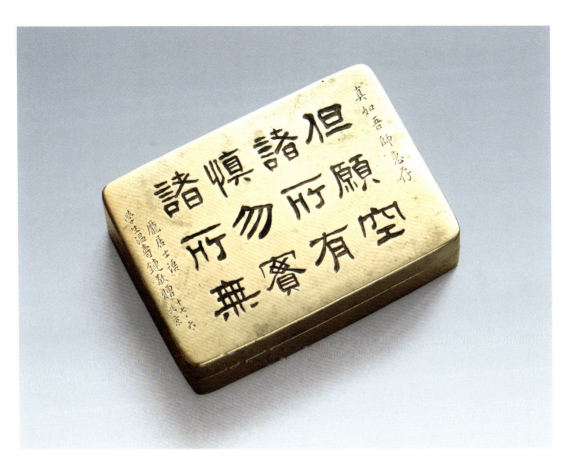

中法储蓄会刻铜墨盒 民国

白铜。边长7厘米，高2.8厘米。

华世奎书法铜墨盒 民国

黄铜。长10.2厘米，宽7厘米，高2.7厘米。

百寿字刻铜墨盒　民国

白铜。边长 10.9 厘米，高 3.5 厘米。

华世奎书法铜墨盒　民国

黄铜。边长 7.5 厘米，高 2.2 厘米。

佩石衔笔刻铜墨盒 民国

白铜。边长7.2厘米，高2.8厘米。

书法刻铜墨盒 清末

白铜。长6.6厘米，宽4.4厘米，高2.5厘米。

书法刻铜墨盒 民国

白铜。边长 7.7 厘米，高 2.9 厘米。

书法刻铜墨盒 民国

白铜。边长 7.6 厘米，高 2.5 厘米。

书法刻铜墨盒　民国

白铜。边长 7.7 厘米，高 3 厘米。

■ 盒底钤"成兴"印。

书法刻铜墨盒　清

白铜。边长 5.5 厘米，高 2.8 厘米。

诗词刻铜墨盒　清

白铜。长8.8厘米，宽6.4厘米，高3.8厘米。

■ 盒底钤"双盛隆"印。

书法刻铜墨盒　民国

白铜。长13.8厘米，宽8.8厘米，高3.5厘米。

书法刻铜墨盒 民国

白铜。长 10.7 厘米，宽 7.7 厘米，高 3.3 厘米。

诗词刻铜墨盒 清末

白铜。长 8.7 厘米，宽 6.2 厘米，高 3.8 厘米。

诗词刻铜墨盒　清宣统

黄铜。长8.4厘米，宽5.7厘米，高2.4厘米。

诗词刻铜墨盒　民国

黄铜。边长7.6厘米，高2.9厘米。

努力奋斗刻铜墨盒　民国

白铜。边长9.2厘米，高3.2厘米。

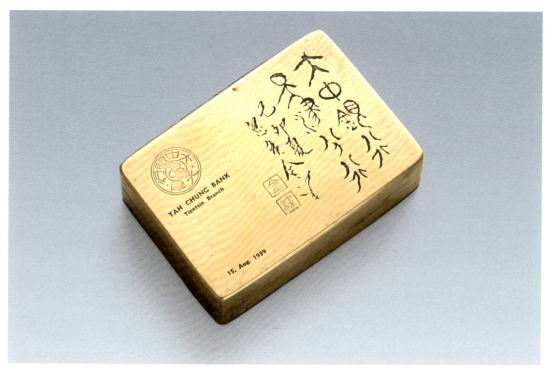

大中银行铜墨盒　民国

黄铜。长10厘米，宽7.2厘米，高2.9厘米。

北宁铁路刻铜墨盒　民国

黄铜。边长 7.5 厘米，高 2.9 厘米。

仁爱诚实刻铜墨盒　民国

白铜。长 8 厘米，宽 5 厘米，高 2.5 厘米。

■ 盒底钤"佩文"印。

业精于勤刻铜墨盒　民国

白铜。长 9.3 厘米，宽 6.2 厘米，高 3 厘米。

陈寅生刻铜墨盒　清同治初

白铜。长 8 厘米，宽 5.7 厘米，高 5.2 厘米。

■ 此作系陈氏开店之初刻之，字的结体、整篇章法布局，以及刀法运用皆已相当成熟。盒底钤"万礼"印。应是同治元年至四年刻制。

摹刻瓦当文铜墨盒 民国

白铜。边长7.7厘米，高3.2厘米。

摹刻古印铜墨盒 民国

黄铜。边长9厘米，高3.2厘米。

摹刻古印铜墨盒 民国

白铜。边长 7.5 厘米，高 3.2 厘米。

摹刻瓦当文铜墨盒 清末—民国初

白铜。边长 8 厘米，高 2.7 厘米。

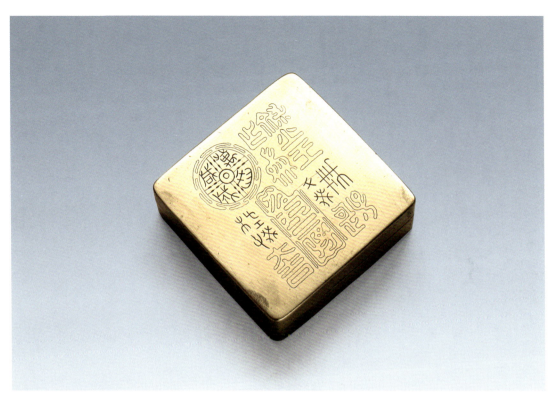

摹刻瓦当文铜墨盒 民国

白铜。边长8厘米，高2.7厘米。

摹刻瓦当文铜墨盒 民国

白铜。边长7厘米，高3厘米。

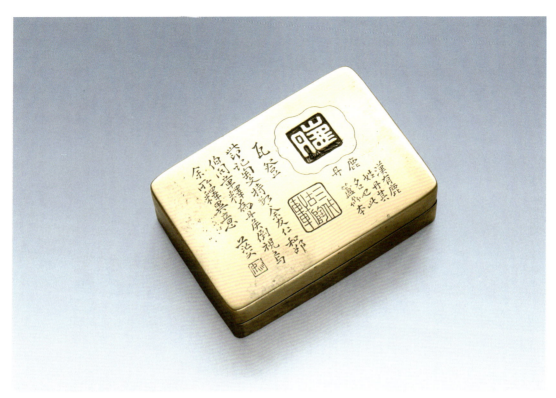

摹刻瓦当文铜墨盒　民国

白铜。长 10.2 厘米，宽 7 厘米，高 3 厘米。

摹刻古印铜墨盒　民国

白铜。长 10.7 厘米，宽 4.6 厘米，高 2 厘米。

摹刻瓦当文铜墨盒 民国

白铜。长6.7厘米，宽4.4厘米，高2.3厘米。

摹刻瓦当文铜墨盒 清

白铜。直径8厘米，高3厘米。

■ 盒底钤"秀文"印。

艺无止境刻铜墨盒 民国

白铜。长16.6厘米，宽11.2厘米，高3.4厘米。

华世奎书《渔夫》铜墨盒 民国

黄铜。边长7.5厘米，高2.7厘米。

刘禹锡《陋室铭》鎏金刻铜墨盒　民国

黄铜。边长 9.4 厘米，高 2.5 厘米。

苏东坡《前赤壁赋》刻铜墨盒　民国

黄铜。直径 12.4 厘米，高 4 厘米。

王羲之《兰亭序》刻铜墨盒　清

白铜。边长9.3厘米，高3.8厘米。

陶渊明《五柳先生传》刻铜墨盒　民国

黄铜。直径11厘米，高2.6厘米。

李白《春夜宴桃李园序》刻铜墨盒　民国

白铜。边长 9.1 厘米，高 3 厘米。

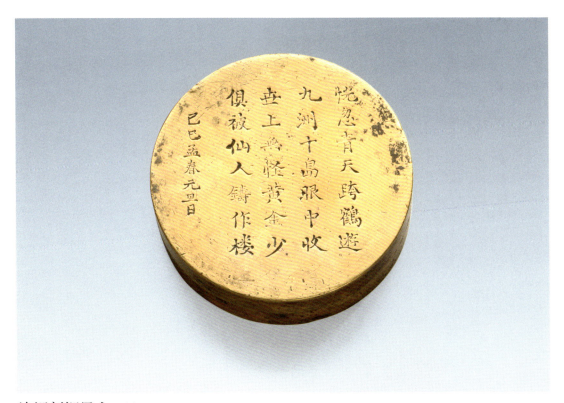

诗词刻铜墨盒　民国

红铜。直径 10 厘米，高 3 厘米。

第四章 特殊工艺铜墨盒

铜胎掐丝珐琅宜侯王墨盒　清

红铜。长6.3厘米，宽4.6厘米，高3.2厘米。

■ 铜胎掐丝珐琅墨盒传世品极少，精品更难寻。此作线条流畅，镀金光亮，珐琅釉艳丽，是掐丝珐琅铜墨盒中一件艺术佳作。

铜胎掐丝珐琅努尔哈赤像墨盒　清

黄铜。边长8厘米，高3厘米。

■ 爱新觉罗·努尔哈赤（1559-1626），清太祖。建州女真首领、后金建立者。清建国于1616年，初称后金。1636年始改国号为清。1644年入关。盒底铃"文宝"印。

铜胎掐丝珐琅花果图墨盒　民国

红铜。长9.3厘米，宽6.3厘米，高2.5厘米。

黄铜、白铜、红铜三镶刻铜墨盒　清

黄铜。边长6.5厘米，高3.3厘米。

嵌银山水图铜墨盒　民国

红铜。边长 9.8 厘米，高 2.5 厘米。盒底钤"滇省·二途街·岳永康"字样。

嵌银牡丹图铜墨盒　民国

红铜。边长 10 厘米，高 3 厘米。

黄铜、白铜、红铜三镶竹节形刻铜墨盒　民国

黄铜。直径6厘米，高2.5厘米。

■　以黄铜、白铜、红铜三种铜镶接，工艺精巧，造型别致。盒底钤"荣宝"印，是荣宝斋制造。

嵌银铜墨盒　清

红铜。边长8厘米，高3.5厘米。

■　此墨盒面嵌"黄娟幼妇，外孙齑臼。摹蔡邕题曹娥碑文。季贞观察钧鉴。属吏周汉声谨赠"。

■　"观察"，清代对道员的尊称。

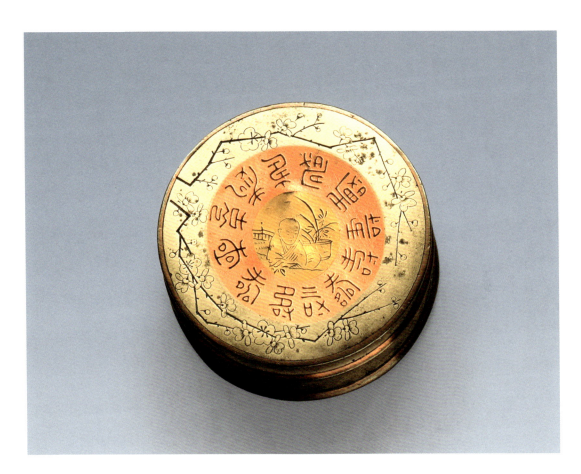

铜胎掐丝珐琅云鹤图墨盒　清

黄铜。长6.5厘米，宽5厘米，高2.2厘米。

嵌银铜墨盒　清

红铜。长9.6厘米，宽6厘米，高3.6厘米。

黄铜、白铜、红铜三镶刻铜墨盒　清

直径5.7厘米，高3厘米。

■ 盒底钤"乾元"印。

白铜、红铜两镶刻铜墨盒　民国

边长7厘米，高2.9厘米。

■ 盒底钤"利亚"印。

第五章　蒙古族铜墨盒

蒙古族黄铜鎏金錾花墨盒　清

黄铜。边长5厘米，高3厘米。

■ 蒙古族铜墨盒制作精致，錾饰图案花纹。有系环，便于携带。常见有鎏金及银质墨盒。盒内无石板，盒盖与盒身连接在一起。揭开盒盖，盒身上端有一小口，由此处蘸墨汁书写。

■ 此墨盒以黄铜镶银白铜花纹，錾花工艺考究，并配置一双笔帽。

双喜字系挂式錾花铜墨盒　清中期

银白铜。长6.2厘米，宽4厘米，高2.8厘米。

■ 盒面錾饰双喜字，周面錾饰螭龙纹。有系环，便于携带。质地极优，制作精工，富丽华美。应为清中期制作，为达官贵人所用之物。

蒙古族錾花铜墨盒　清

黄铜。长6厘米，宽3.7厘米，高3厘米。

蒙古族錾饰吉祥纹铜墨盒　清

银白铜。长6厘米，宽3.7厘米，高3厘米。

■ 盒面錾饰吉祥纹。盒底钤"兴隆"印。"兴隆"为北京的一家铜锡店，制作铜墨盒，存在于清中期至民国间。

蒙古族錾花铜墨盒　清

银白铜。长 5.2 厘米，宽 4.2 厘米，高 3 厘米。

第六章　藏族铜墨盒

藏族铜墨盒　清

红铜。高 4 厘米。

■ 藏族铜墨盒多为铸造，造型优美，具有典型的藏族风格。常见有鎏金墨盒，少见刻纹饰者。盒内装入以矿物材料制作的墨汁，以竹签作笔蘸墨汁书写。许多墨盒内残留墨汁凝结的墨块，浸水尚能使用。珍贵墨盒常配置精美笔筒。

■ 此件藏族铜墨盒，由盒盖、盒身和铜链三部分组成。银质竹笔笔筒刻有"恒兴斋"字样。据史料记载，此为北京的一家店店名，存在于清中期至民国。这件藏族笔筒见证了汉藏文化交流。

藏族鎏金铜墨盒　清

黄铜鎏金。高7.3厘米。

■ 此件精美的鎏金铜墨盒与笔筒原系在一起。笔筒以镂空雕法雕六
条三爪龙。

藏族鎏金铜墨盒　清

白铜。高 8.7 厘米。

藏族铜墨盒　清

红铜。高 8 厘米。

第七章 当代铜墨盒

广电总局书画协会成立15周年纪念铜墨盒

黄铜。边长9.8厘米，高3.3厘米。

■ 此铜墨盒是国家广播电影电视总局书画协会成立15周年书画展，为参展作者特制的纪念品。此展恰逢中国人民抗日战争暨世界反法西斯战争胜利60周年之际。

《老子》（节录）刻铜墨盒

黄铜。长10厘米，宽8厘米，高2.5厘米。

■ 此文为叶恭绰先生70岁（1951）节录《老子》第64章。文意深邃，富于哲理。

■ 叶恭绰（1881－1968），字裕甫。广东番禺人。出身京师大学仕学馆。于学术、考古、书画无不精通。

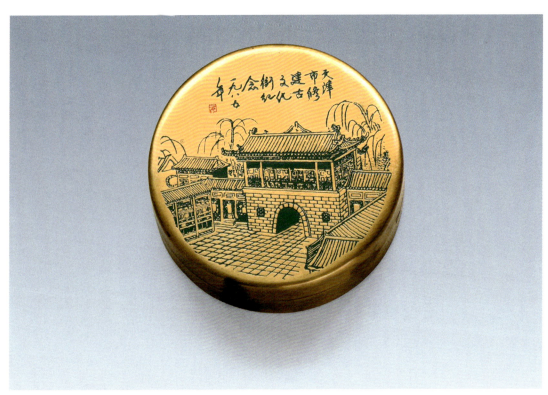

天津市修建古文化街纪念铜墨盒

黄铜。直径9.7厘米，高3.3厘米。

秋菊图刻铜墨盒

黄铜。长11厘米，宽7厘米，高3.2厘米。

世界和平铜墨盒

黄铜。长7.5厘米，宽5.5厘米，高2.2厘米。

弥勒佛像铜墨盒

黄铜。直径9.8厘米，高3.4厘米。

第八章　铜墨盒仿品、赝品辨识

　　古玩作伪自古有之，铜墨盒也不例外。铜墨盒收藏与其它古玩收藏同样，首先是鉴赏，辨其真伪，赏其优劣。由于铜墨盒市场行情走俏，近几年来造假名家作品屡见不鲜。有的以新造铜墨盒假冒名人款，还有的以旧素面盒镌刻书法绘画以充旧物。对此类新仿品只要细心审视其工艺、铜质、色浆、铜锈等方面的情形，还是不难看出破绽的。难辨的是旧仿名家作品。自陈寅生首创刻铜墨盒之时，历代皆有造假者。对旧仿名家作品的鉴别，尤应特别注意个人艺术风格，这是鉴别名家作品真伪之关键所在。因此，必须反复研究名家真迹（包括出版物）。知真方能识假。古人说："操千曲而后晓声，观千剑而后识器"。如若没有对名家作品进行深入地研究是无法做出正确判断的。要深入分析张樾丞先生、张寿丞先生的镌刻风格特点，如他们是怎样以书法之"飞白"、"悬针"笔法，中国画钩、勒、皴、擦、点和战笔等技法，巧妙地运用于刻铜艺术之中的。否则，就难以辨别同古堂作品的真伪。同时，鉴定专家还指出，入鉴定一门之阶梯，首先在于能够欣赏，所谓"知其善与美，方能识得真与伪"。试想不懂美学基本知识，不知真、草、隶、篆为何物，怎能欣赏书画？又怎能辨别作品真伪呢？收藏者必须在收藏过程中不断提高艺术欣赏水平，把握名家书画、镌刻风格特点，包括他们的艺术生平、文学艺术修养等方面的情况都应谙熟于胸，遇到实物就不难辨别真伪了。我们体会，收藏过程是一个边学习边提高，不断丰富自己的知识，提高欣赏水平的过程。同时，也不妨采取排除法。例如，书画作品粗俗，匠气十足者；与书画家作品风格迥异者；书画作品违反章法、笔法，经营位置或题款不当者；不应出现的错别字或严重错误者。凡此种种皆令人生疑，需结合其它方面情况综合分析加以排除。

　　然而，鉴别铜墨盒真伪还有其特殊复杂的情况。这里应注意名人款刻铜墨盒真品、仿品和赝品的区别。

　　（一）名家真品中有书画家、篆刻家、文人学士自书、自画、自刻之墨盒，一般比较讲究刀笔情趣和文化内涵，为藏家悉心搜求之；还有名书画家与篆刻家联袂创作之作品，两艺合璧更为难得；也有的书画及镌刻十分精美，但并不署名，或只有购置者或馈赠者的名字。是否名家之作，是那位名家之作，这就要看识者的眼力了。因此说，珍品是看佳不看款，绝不能被款识所迷惑。

（二）仿品。是指刻铜艺人依照名家书画稿仿刻。这其中仿刻水平有高有低差别很大。其中的刻铜高手，他们具有一定的文化艺术修养和娴熟的刻技，虽不擅创作，照稿仿刻还是有相当功力的，这些作品具有不尽相同的艺术价值和收藏价值。

（三）赝品。一些唯利是图之人为了图利，往往是依葫芦画瓢或凭空臆造胡乱刻画，不但毫无名家画风笔意，而且作品粗俗低劣，无艺术价值和收藏价值可言。

后　记

　　这本集子从起稿到完稿历时三年多，现在终于付梓刊印了。之所以拖这么长的时间，我们主观上希望藏品更丰富些，对某些问题的认识更清楚些，谬误少些，奉献给读者一部图文并茂，有一定艺术品位的读物。不知是否达到了这个目的，我们只能说为此努力了。

　　在此，我们特别感谢沈鹏先生的热情鼓励与支持，在百忙中写序、题书名。感谢前辈吴凡吾先生、著名作家魏巍先生的热情帮助，感谢同古堂第二代传人张幼丞先生亲自奏刀制"双兰斋主"书印，感谢中国藏学研究中心叶星生先生，感谢闫家宪先生、郑茂达先生、王国瑞、陈小明贤伉俪以及从各方面帮助与支持过我们的朋友。他们的关心与帮助，我们心中铭刻难忘。还有，子女的理解与支持，也使我们甚为欣慰。

　　本书承蒙文物出版社出版，在此谨表衷心感谢！

　　由于我们的水平不高，资料与实物有限，书中难免存在着缺点和错误，望读者予以批评指正。

高兰祥　孟桂兰

2007 年 4 月